क्रान्ति है प्रेम

क्रान्ति है प्रेम

रंजना जायसवाल

वाणी प्रकाशन

वाणी प्रकाशन
4695, 21-ए, दरियागंज, नयी दिल्ली 110 002
शाखा
अशोक राजपथ, पटना 800 004
फ़ोनः +91 11 23273167 फ़ैक्सः +91 11 23275710
www.vaniprakashan.in
vaniprakashan@gmail.com

KRANTI HAI PREM
by Ranjana Jayasval

ISBN : 978-93-5072-859-8
Collection of Poetry

प्रथम संस्करण
मूल्य : ₹200

शुभम् ऑफ़सेट दिल्ली-110 032 में मुद्रित

वाणी प्रकाशन का लोगो मक़बूल फ़िदा हुसेन की कूची से

भूमिका

प्रेम का सच

हजारों वर्षों से साहित्य-संस्कृति और जीवन में प्रेम की बातें की जा रही हैं, पर प्रेम चिर नवीन बना हुआ है, अपरिभाषित है, शास्त्र और सिद्धान्त उसकी व्याख्या नहीं कर पाये क्योंकि प्रेम का न कोई शास्त्र हो सकता है, न परिभाषा और न कोई सिद्धान्त। प्रेम को जानना, प्रेम में होना, प्रेम में जीना तो आसान है। पर प्रेम क्या है यह कहना आसान नहीं है। भला गूँगा मिठाई का स्वाद कैसे बताएगा? बस इतना ही कहा जा सकता है कि संसार में जो भी सबसे सुन्दर, सत्य और उत्तम है वही प्रेम है। हर इन्सान के लिए प्रेम का रूप अलग है, अनुभव का स्तर भी। कोई देह स्तर पर प्रेम को पाकर सन्तुष्ट हो जाता है तो कोई मन की गहराई तक उतरता है। थोड़े से वे लोग भी होते हैं जो तन-मन से भी गहरे उतर कर आत्मा तक जा पहुँचते हैं और वे ही प्रेम की पूर्णता का अनुभव प्राप्त कर पाते हैं। संसार में जिन प्रेमियों के नाम अमर हैं उन्होंने प्रेम के आत्मिक स्वरूप का आनन्द लिया था तभी तो दुनियावी चीजों का उनके लिए कोई महत्त्व नहीं रहा। वे खुशी-खुशी अपना सब कुछ न्योछावर करके शून्य हो गये। जानते थे कि शून्य होकर ही वे प्रेम की पराकाष्ठा तक पहुँच सकते हैं। शून्य से ही प्रेम का जन्म होता है क्योंकि एक शून्य ही दूसरे शून्य से मिल सकता है, और कोई नहीं। आज जो संसार में प्रेम नहीं दीखता उसका कारण यही है कि आदमी शून्य नहीं होना चाहता। एक होता भी है तो दूसरा नहीं होता।

मनुष्य के जीवन से प्रेम की समस्त धाराएँ अवरुद्ध कर दी गयी हैं। प्रेम की गंगा बह नहीं पा रही। यह प्रेम की गंगा हर आदमी के भीतर है, उसे कहीं से लाना नहीं है। कहीं खोजने नहीं जाना है। वह सुगन्ध की तरह सभी के प्राणों में बसा है। पर उसके चारों तरफ परकोटा है जिससे वह प्रकट नहीं हो पा

रहा। पत्थरों की मजबूत दीवारें प्रेम के निर्झर को फूटने नहीं दे रहीं। मनुष्य से ज्यादा प्रेम पशु-पक्षियों और पौधों में दिखाई पड़ता है क्योंकि उनमें सहजता है, सरलता है, अहंकार नहीं है। प्रकृति में जो बाधा दिखाई पड़ती है वह असल में बाधा नहीं होती, बल्कि यह बाधा एक-दूसरे को आगे बढ़ने में सहयोग देती है। जबकि मनुष्य अहंकार में दूसरों को बढ़ने नहीं देना चाहता।

अहंकार प्रेम का शत्रु है क्योंकि वह प्रेम को पागलपन समझता है, बचपना मानता है। अहंकार पाकर भी आनन्दित नहीं होता, जबकि प्रेम खोकर भी आनन्दित होता है। आदमी जितना ही महत्वाकांक्षी होता है, उतना ही प्रेम से दूर होता जाता है। आज के मनुष्य में अहंकार है जो लेने की भाषा समझता है जबकि प्रेम देने की भाषा है। प्रेम में हम एक पेड़ की तरह हो जाते हैं, जिसमें कोई 'मैं' नहीं होता। आदमी का 'मैं' दो लोगों को एक होने से रोकता है। 'जब मैं था तब हरि नहीं, अब हरि हैं मैं नाहि। प्रेम गली अति सांकरी जामें दो ना समाहि।' अहंका` हमेशा अपने से बड़ों को प्रेम करने की कोशिश करता है जबकि प्रेम में कोई छोटा-बड़ा नहीं होता क्योंकि वह हो जाता है उसे सायास सोच-समझकर किया नहीं जाता। अहंकार कभी झुकने को तैयार नहीं होता जबकि प्रेम झुकने को हमेशा तैयार रहता है। अहंकार हमेशा पाना चाहता है जबकि प्रेम दे कर खुश होता है प्रेम निष्प्रयोजन है। प्रेम किसी को रोकता नहीं बन्धन नहीं लगाता वह आजाद करता है। प्रेम जब खुद को बाँट देता है, तभी खुद को सार्थक समझता है। ऐसे प्रेम के पुष्प जिसके ऊपर भी बरसते हैं वह सम्राट हो जाता है। प्रेम आत्मा की प्यास है। संसार में शायद ही कोई ऐसा व्यक्ति हो, जो प्रेम नहीं चाहता। प्रेमहीन व्यक्ति कंगाल होता है चाहे सांसारिक धन-सम्पत्ति का उसके पास अम्बार लगा हो। प्रेम में दो व्यक्तियों के बीच की सारी दीवारें गिर जाती हैं और उनके प्राण एक हो जाते हैं। यही अनुभव जब व्यक्ति और प्रकृति के बीच या व्यक्ति का समस्त प्राणी मात्र के प्रति घटित होता है, तो ईश्वर की प्राप्ति होती है। प्रेम ही वह सीढ़ी है जिससे ईश्वर तक की प्राप्ति होती है पर मनुष्य तमाम कर्मकांडों, धर्मानुष्ठानों के माध्यम से उसे पाना चाहता है। व्यक्ति से प्रेम पाने के लिए भी वैवाहिक अनुष्ठान जरूरी माना जाता है, पर यह दुनियावी माध्यम है, जिसके माध्यम से अक्सर इच्छित प्रेम नहीं मिलता है और जीवन भर साथ रहने के बाद भी मनुष्य अतृप्त रहता है। प्रेम की अतृप्ति ही विभिन्न कला माध्यमों से अभिव्यक्ति पाती है। संसार में मनुष्य जो भी कर रहा है उसके मूल में पूर्ण होने की चाह है और वह पूर्णता प्रेम पाकर ही हो सकती है

पर प्रेम तक पहुँचने का मार्ग अवरोधित है। सही रास्ता अख़्तियार करके ही हम प्रेम तक पहुँच सकते हैं।

यह संग्रह प्रेम-कविताओं पर आधारित है। प्रेम के विविध रूप इसमें दिख सकते हैं। यहाँ प्रेम किसी एक व्यक्ति मात्र के प्रति ही नहीं है बल्कि पूरी प्रकृति व मनुष्यता के प्रति है। मेरे विचार से प्रेम जीवन का रंग महोत्सव है। कोमल अनुभूतियों का समुच्चय। स्त्री-पुरुष के बीच दुःख-सुख, संयोग-वियोग, राग-द्वेष, त्वरा-आवेग, उद्वेलन सब का आवर्तन-प्रत्यावर्तन। एक खूबसूरत अहसास। प्रेम में स्त्री प्रकृति बन जाती है। फूल, तितलियाँ, चाँदनी, सागर, नदियाँ, झरने सभी तो शामिल हो जाते हैं उसके प्रेम में, यहाँ तक कि सारी दुनिया भी। कितना अच्छा लगने लगता है जीवन...कम भी लगता है। वक्त खलनायक की तरह हो जाता है, जो प्रेम में व्यवधान डालता है। मुझे बार-बार लगता है कि प्रकृति और पुरुष सृष्टि के प्रारम्भ में अलग-अलग नहीं, एक रहे होंगे। किसी कारण उनको दो भागों में बाँट दिया गया होगा। तभी तो दोनों एक-दूसरे के लिए तड़पते हैं। अवसर मिलते ही पूर्व रूप में आने की कोशिश करते हैं। अनेकानेक प्रेम-कहानियाँ प्रकृति व पुरुष के एकमेव होने की ही कहानियाँ हैं। कहाँ रोक पाती हैं आसुरी शक्तियाँ दो दिलों को मिलने से? असुर भी तो अक्सर प्रेम में पड़ जाते हैं। बड़े से बड़ा अपराधी प्रेम के कारण विनाश को प्राप्त हुआ, क्योंकि प्रकृति ने उससे प्रेम नहीं किया। प्रकृति तो सिर्फ पुरुष से प्रेम कर सकती है। उस पुरुष से, जिसमें स्त्री-गुण समाहित है। पुरुष भी उसी स्त्री से प्यार करता है, जिसमें पुरुष समाहित है। दोनों जब एक-दूसरे में खुद को पाते हैं, तभी उनमें आकर्षण के बीज अंकुरित होते हैं। जहाँ भी ऐसा नहीं होता हैं, वहाँ प्रेम भी भ्रम साबित होता है।

प्रेम इन्सान को निकम्मा बना सकता है, बेईमान नहीं बना सकता। सच्चा प्रेम नैतिक बनाता है। सामाजिक सरोकार गहरे करता है। वाजिब चिन्ता की तरह प्रेम प्रेमी को सतर्क रखता है क्योंकि वह अपने प्रेमी की आँखों से नहीं गिरना चाहता। प्रेम एक के बहाने सारी दुनिया से प्रेम करना सिखाता है। सिर्फ एक के कारण सारी दुनिया सुहानी और प्यारी नजर आती है और प्रेमी संसार को और प्यारा व बेहतर बनाने का प्रयास करता है। पर जिसने प्रेम का स्वाद नहीं चखा, वह एक अदम्य-सी अतृप्ति से बेचैन होकर दुनियावी चीजों में सुकून ढूँढ़ता है।

अक्सर यह कहा जाता है कि स्वभावतः परुष (कठोर) होने के कारण आज का पुरुष शिद्दत से प्रेम नहीं कर पाता है। देह-मन-मस्तिष्क की अलग बुनावट

के कारण भी उसके प्रेम की प्रकृति व अभिव्यक्ति में अन्तर है। उसका प्रेम देह-प्रधान है। साध्य नहीं साधन है। जीवन की अन्य जरूरतों की तरह एक जरूरत, स्व-समर्पण नहीं। प्रेम में सौन्दर्य, नवीनता व रोमांच उसे पसन्द है, इसलिए उसके प्रेम में प्रायः गम्भीरता, स्थायित्व, एकनिष्ठता व त्याग का अभाव दीखता है। एकाधिक प्रेम में उसे कोई नैतिक बाधा नहीं होती। आज का पुरुष जिस मशीनी युग में जी रहा है, उसका प्रभाव उसके प्रेम पर भी दिख रहा है। उसके भीतर की संवेदना, कोमलता का लोप होता जा रहा है। इसका परिणाम यह है कि अब वह प्रेम को जीता नहीं, प्रेम का कोरा भ्रम पालता है। प्रेम के लिए यह संकट का समय है। प्रेम की कमी से मनुष्यता खतरे में पड़ सकती है।

यद्यपि आज का पुरुष कल से ज्यादा प्रेम का नाम ले रहा है, पर उसके प्रेम में देह पाने की लालसा ही प्रधान है। हद तो यह है कि वह बाजार में भी प्रेम तलाशने लगा है। रोना-झींकना, शिकवा-शिकायत, मान-मनौवल व वर्षों प्रेम के पीछे भागना न तो उसे पसन्द है, ना ही उसके पास इन चीजों के लिए वक्त है। कॅरियर को बनाने-सँवारने, फिर सँभालने में उसकी ऊर्जा व समय का बड़ा हिस्सा निकल जाता है, ऐसे में वह ऐसा प्रेम चाहता है, जो उसे तनाव-मुक्त रखकर बुलन्दी तक पहुँचने में मदद करे। यही वजह है कि आज का पुरुष प्रेम को सीढ़ी की तरह इस्तेमाल करने से बाज नहीं आता। यह दुखद है कि दो दिलों की अटूट पारस्परिक आत्मीयता एवं आपसी समझ प्रेम का मूल स्वरूप नहीं रहा।

रंजना जायसवाल

अनुक्रम

सब्ज-नील कविताएँ

मन की गुनगुनी आँच पर
पकते हैं
कच्चे हरे शब्द
बनती हैं तब
प्रेम की
सब्ज-नील कविताएँ।

कमल-सा मन

तुम्हारी
तलाश में
कई बार
गिरी हूँ
दलदल में
और हर बार
जाने कैसे
बच निकली हूँ
कमल-सा
मन लिए।

कविता

तुम्हारी आँखों के
स्वच्छ नीले विस्तार में
एक कविता पढ़ी थी मैंने
कविता में पक्षियों की चहक थी
सुबह के टटकेपन के साथ
चौराहों पर उसी वक्त बिकने को खड़े
मजदूरों की बेचैनी भी
जंगलों की हरियाली थी
कटते पेड़ों का रुदन भी
फूलों की ताजगी और खुश़बू थी
बाल-श्रमिकों के मुरझाए चेहरे भी
समुद्र की उद्दाम लहरें थीं
छोटी-बड़ी कई धाराएँ भी
जिन्हें एक बड़ी धारा में बदलना था
जाने कैसे तुम्हारी आँखों में
घिर आये हैं काले-काले बादल
देखो मेरी कविता आँसू बनकर
बरस ना जाये।

नहीं जानती

तुम क्यों अच्छे लगे मुझे
नहीं जानती
तुम्हारा कद कि काठी
रूप कि रंग
बोली कि बानी
प्रतिभा या पद
क्या मन भाया
नहीं जानती
मैं ये भी नहीं जानती
कि क्यों मुझे तुम्हारी आँखें
और बाँहें प्यासी लगीं
क्यों कोरे अछूते सफेद कागज सा लगा
तुम्हारा हृदय-प्रदेश
जिस पर लिख सकते थे मेरे अधर
प्रेम की इबारत
जबकि वहाँ पहले से ही मौजूद थे
किसी के हस्ताक्षर
यह कैसा तिलिस्म है
तुम्हारे आते ही
गायब हो जाती है
मेरे चारों तरफ की भीड़
और मैं सज उठती हूँ
ऋतुरानी की तरह
कहीं यह प्यार तो नहीं।

कुछ तो है

जाने क्या तो है
तुम्हारी आँखों में
मन हो उठा है
अवश
खुशबू ऐसी कि
शीत की रात भर गयी
गरमाई से
बँध जाना चाहता है मेरा
आजाद मन
कुछ तो है
तुम्हारी आँखों में कि यह जानकर भी कि
छू नहीं सकता आकाश
लाख ले उछालें
समुद्र
अवश इच्छा से घिरा मन फिर
क्यों पाना-छूना चाहता है तुम्हें
असम्भव का आकर्षण
पराकाष्ठा का बिन्दु
कविता की आद्यभूमि।

क्या नहीं?

सीपियों में
मोती का बनना
छीमियों में दानों का उतरना
जाना
तुमसे मिलने के बाद
कहाँ जानती थी क्या होता है प्रेम
तुमसे मिलने से पहले
भरोसा भी कहाँ था
किसी पर
कहाँ पता था यह भी कि प्रेम
एक ही बार नहीं होता
जीवन में...कल्पना में...बसते हैं
असंख्य प्रेम
कहाँ जाना था
तुमसे प्रेम से
पहले
अब जबकि हो बहुत दूर
फड़फड़ाते होंगे
तुम्हारे होंठ
जब तितली होती हूँ यहाँ
पढ़ते होगे तुम वहाँ
मेरी साँसों की लिखी चिट्ठी
किसी चुराए क्षण में
सच कहना
क्या नहीं?

अनुबन्ध

कहीं खोल न दें
मेरे ही अवयव
मेरा रहस्य
इसलिए भागता है मन
भीड़ से
उपवन में
चुपचाप बैठना
अच्छा लगता है
मगर वहाँ भी
छेड़ते हैं सभी
धीरे-धीरे
अपनी पंखुरियों को खोलती
कलियाँ कहती हैं
मेरी तरफ देखो
देखो न!
उनकी पंखुरियों में मुस्कुराते हैं
तुम्हारे होंठ
पक्षी शरारत से
उतर आते हैं
मेरे पास
पूछते हैं हाल
उनकी चहचाहट में
सुनाई पड़ती है
तुम्हारी आवाज
निगोड़ी घास भी

अपनी सुगबुगाहट में
छिपाए रहती है
तुम्हारा स्पर्श
महुए के पेड़ से
अभिसार कर लौटी
मदमाती हवा में
होती है तुम्हारी सुगन्ध
और प्रकृति के होंठों पर
प्रेममय अनुबन्ध।

क्रान्ति है प्रेम

कैसे इतना
उलट-पलट जाता है सब कुछ
प्रेम में
प्रेम करके जाना
कि प्रेम एक क्रान्ति है
एक आश्चर्य
विलीन हो जाता है अहंकार
एक पवित्र औदात्य में
शब्द अपने केंचुल उतार
धारण कर लेते हैं नये
अनछुए अर्थ
खुद हम हो उठते हैं इतने नये कि
मुश्किल हो जाये पहचान
अपनी ही
कैसे तमाम बड़ी-बड़ी बातें भी
बेमानी लगने लगती हैं
रूमानी बातों के आगे
यह जान सकता है
कोई
प्रेम करके ही।

क्या तुम्हें भी

भीड़ के शोर-शराबे में भी
कान कुछ नहीं सुनते
आँखें कुछ नहीं देखतीं
सुनाई पड़ता है बस
एक मधुर आदिम-गीत
दिखाई पड़ता है
बस तुम्हारा ही चेहरा
तुम्हारी याद आते ही होता है ऐसा
क्या तुम्हें भी कभी होता है ऐसा?

शायद इसीलिए

मेरी हथेली पर
तुम्हारा नाम
लिखा रहता है
शायद इसीलिए
एकान्त मिलते ही
खुद-ब-खुद
हथेलियाँ ढँक लेती हैं
आँखों को
और आँखों एवं हथेलियों के बीच
तुम्हारा चेहरा उभर आता है।

क्योंकि

यह शहर
मुझे अच्छा लगता है
क्योंकि यहाँ तुम रहते हो
भले ही हमारे घरों के बीच
मीलों का फासला है
भले ही तुम्हें देखे
गुजर जाते हैं
बरसों-बरस
भले ही हमारे बीच
खड़ी हैं सैकड़ों दीवारें
भले ही यह शहर
हो गया है असुरक्षित।

शापित

एक थे हम
आजाद
सुखी
पूर्ण
विचरण करते
प्रकृति के बीच
दो करके
भेज दिये गये
धरती पर
पराधीन
दुखी
अपूर्ण
होकर तड़पने लगे
जब भी हमने देखा
एक-दूसरे को
एक हो जाना चाहा
शैतान आ खड़ा हुआ
हमारे बीच
फिर भी कम नहीं हुई
हमारी मिलने की कोशिशें
अनेक नाम
अनेक युग
देशकाल
मगर रहे हम वही के वही
शापित

दो बने रहने के लिए
जाने कितनी बाधाएँ
विमर्श मौजूद हैं
आज भी
हम दोनों के बीच
कम नहीं हुई मगर चाहतें
आयेगा एक दिन
जब हम फिर होंगे एक
आजाद
सुखी
पूर्ण
पहले की तरह
विचरण करते
प्रकृति के बीच।

पुरइन मगन हो जाती है

जब भी
जीती हूँ तुममें
तुम
आ जाते हो
मुझमें
और हर लेते हो
मेरे अन्दर का सूनापन
बाहर पसर जाती है
एक चुप्पी
और भीतर मच जाती है
हलचल
रातें
सजल हो जाती हैं
दिन तरल
पोखर भर जाता है
पुरइन मगन हो जाती है।

प्रेम करना

प्रेम करना
ईमानदार हो जाना है
यथार्थ से स्वप्न तक ...समष्टि तक
फैल जाना है
त्रिकाल तक
विलीन कर लेना है
त्रिकाल को भी...प्रेम में...अपने
जी लेना है अपने
प्रेमालाम्ब में सारी कायनात को
पहली बार देखना है खुद को
खोजना है
खुद से
बाहर
मन को छूता है कोई
पहली बार
बज उठती है देह की वीणा
सजग हो उठता है मन-प्राण
चीजों के चर-अचर जीव के ...जन के
मन के करुण स्नेहिल तल तक
छूता है कोई जब पहली बार
सुन्दर हो जाती है
हर चीज
आत्मा तक भर उठती है

सुन्दरता
अगोरती है आत्मा अगोरती है
देह
देखे कोई नजर
हर पल हमें।

तुम्हारे साथ

मैं होना चाहती हूँ तुम्हारे साथ
जैसे नीम जंगल रास्तों में जुगनूँ
रेत की दुनिया में होते हैं
जलद्वीप
गुलमोहर
मैं होना चाहती हूँ तुम्हारे साथ
जैसे सृजन में होती है पीड़ा
सिक्कों में होती है खनक
और संवाद में होती है सभ्यता
संस्कृतियों की कोख में
घृणा के बीज-सा
नहीं होना चाहती मैं
तुम्हारे साथ
तुम अपने समय की शहतीरों पर
टाँकते रहो सितारे
या अपनी गुलेलों से
छेदते रहो आसमान
खोद सको एक नदी
काट सको पहाड़ कोई
भले ही मेरे बगैर
मैं होना चाहती हूँ
तुम्हारे लिए जैसे
शीत के लिए होती है आँच
जीत के लिए होता है नशा

जैसे धरती के लिए हुआ था
कोई कोलम्बस
मैं नहीं होना चाहती
गुलेल-सी करुण
तुम्हारी चोट खाई मांसपेशियों के लिए
तुम मेरे बिना
मुझसे दूर भी रह सकते हो
अडिग
अपने बनाये रस्ते पर खा सकते हो ठोकरें
जी सकते हो दुःख
मैं होना चाहती हूँ तुम्हारे बिल्कुल साथ
जैसे समय से घिर जाने पर
साथ होती हैं स्मृतियाँ
मस्तियों में होती है थिरक
होती है थाप
बुखार में बिल्कुल सिरहाने होती है माँ
तुम्हारी कमजोरी को
अपनी सभ्यता का सबसे बड़ा मूल्य
बताने वाले बलिष्ठ स्वर सा
नहीं होना चाहती मैं तुम्हारे साथ।

क्या तुम आ रहे हो?

क्यों है आज
हवा में इतनी सुगन्ध
इतना पागलपन
घास क्यों समेट रही है
बारिश की बूँदों को
इस तरह
उषा में इतनी हया क्यों
तुम आ रहे हो क्या?

तुम समुद्र थे

अपने प्रेम के बारे में
ज्यों ही कहा मैंने
तुम मुस्कुराये
तनिक भी आश्चर्य नहीं हुआ तुम्हें
ना अभिमान, ना संकोच
ना गुस्सा, ना अपमान-बोध
कुछ भी नहीं
जबकि तुम समुद्र थे
मैं एक छोटी नदी
अब मैं चकित थी
संकोच से धरती निहारती
तुमने कहा—'मैं सब जानता हूँ सब'
'सब' जानकर भी तुम स्थिर थे, और मैं आतुर
तुमने कहा—मोड़ दो इस प्रेम को
लेखन की तरफ
मैं उसी में मिलूँगा तुम्हें
अब निरन्तर बह रही है एक नदी
समुद्र को समेटे अपने भीतर।

मन

मेरे दो मन हैं शायद
एक दिन-रात
तुममें रमा हुआ
और दूसरा
इस दुनिया में।

और तुम

हरी-भरी है
मेरे मन की धरती
हालाँकि
दूर हैं
सूरज
चाँद
तारे
आकाश
बादल
और...
तुम।

हर बार

आतुर प्रेयसी-सी
लहरें
बार-बार
टकराती हैं
तट से
खोजती हैं
संवेदना
और लौट आती हैं
उदास
हर बार।

हर वक्त प्रेम में

बार बार आँखों में
तिर आता है तुम्हारा चेहरा
हालाँकि समझा चुके हो तुम
दिल नहीं दिमाग से करना चाहिए प्रेम
कि जिस समय कर रहे हों प्रेम
बस उतनी ही देर के लिए
ठीक होता है सोचना
प्रेम के बारे में
जैसे खाने के समय खाना
सोने के समय सोना ठीक होता है
हर वक्त प्रेम में होना अच्छा नहीं
न वर्तमान के लिए
न भविष्य के लिए
सच है तुम्हारा कहना भी
तेज रफ्तार में
निरन्तर भागता आदमी
कर भी कैसे सकता है
इत्मीनान से प्रेम?
सच यह भी है कि
सारी बेइत्मीनानी के बावजूद
याद आता है मुझे
प्रेम के इत्मीनान में डूबा
तुम्हारा वही चेहरा।

पका रिश्ता

कच्ची मिट्टी था
गढ़ा पकाया
समर्पण और विश्वास की आँच पर
रिश्ता
पका हुआ
सौंप दिया तुम्हें
अब कहते हो तुम कि
पकी फसल की तरह होता है
पका रिश्ता।

हर लूँगी

बहते रहो तुम
नदी की तरह
हर लूँगी
मैं तुम्हारी
थकान
सागर की तरह।

एल्बम

मन
एक रंगीन
चलता हुआ-सा
एल्बम
सुरक्षित हैं
जिसमें तुम्हारी सारी
तस्वीरें।

तुम्हारा जाना

कब आये थे तुम
पता ही नहीं चला
अब जा रहे हो तो
पता चल रहा है
तुम्हारा
आना
तुम्हारे आने की
पदचाप
साफ सुनाई दे रही है।

पकता रहा

जिन्दगी की धूप में
पकता रहा
तुम्हारा प्रेम
जैसे पकता है
कच्चा दूध
धान की बालियों में।

तुम ना थे

अपने ही अन्दर से फूटती
कस्तूरी-गन्ध से विकल होकर
भागी थी
तुम तक किन्तु
तृष्णा से विकल हो
खत्म हो गयी अन्ततः
क्योंकि वहाँ सिर्फ मरीचिका थी
तुम न थे।

स्मृतियों के पाल से

स्मृतियों के पाल से
उठाती हूँ
एक आम
और महक उठती हूँ
मिठास से।

जलते सफर में

दसों दिशाओं में छा गयी थी
अरुणाभा
तुम्हारी हँसी से उस दिन
खूब हँसे थे तुम
जाने किस बात पर
मन आँगन में फैल गयी थी धूप
बरसी थी चाँदनी इतनी
कि
बची है शीतलता आज भी
इस
जलते
सफर में।

आकाश और नदी

एक आकाश था
एक नदी थी
मिलना मुश्किल था
हालाँकि
पूरा का पूरा आकाश
नदी में था।

हद

मेरे प्रेम के दायरे में
पूरी कायनात है अब
पेड़-पौधे
पशु-पक्षी
मनुष्य सब
अब किसी एक के लिए
कुछ खास नहीं रहा
सच मानो दोस्तो
अब मैं सुकून से हूँ।

प्रेम कविता

पूरी उम्र
लिखती रही मैं
एक ही प्रेम कविता
जो पूरी नहीं हुई
अब तक
क्योंकि
इसमें मैं तो हूँ
तुम ही नहीं हो
क्या ऐसे ही अधूरी रह जायेगी
मेरी प्रेम कविता?

उत्तराधिकारी

क्षण-प्रतिक्षण
व्यतीत हुआ जाता है जीवन
और व्यय हो रही हूँ मैं
इन सबके बीच
अभी भी अक्षुण्ण रख रखा है
मैंने कहीं
तुम्हारा प्रेम-पगा वह पहला स्पर्श
कोमल अपनत्व-भरा
तुम्हारी देह की मादक गन्ध
श्वासों की सुरभित सुगन्ध
मेरे पूर्णरूपेण व्यय हो जाने के बाद
यही तो एक धरोहर है
जिसका कोई
उत्तराधिकारी नहीं होगा।

तुम वही हो

तुम
अभी कुछ दिन
पूर्व ही मुझे मिले थे
और प्रेम का नाम लेकर
मेरी नन्ही हथेलियों में
सारा संसार
भर देने का वादा किया था
किन्तु
मन में
एक भी बुलबुला न फूटा
आँखों में सपना न जागा
कि तुम्हें
वह जगह दे दूँ
जो
बरसों से
रिक्त पड़ी है
लेकिन
न जाने कौन-सी डोर
खींच रही थी
तुम्हारी तरफ मुझे
और मैं
खिंचती हुई
तुम्हारे इतने करीब
जा पहुँची

कि आश्चर्य है
तुम
वही हो
जिसे प्रेम का पात्र समझ
खुद को ही
दे डाला मैंने
फिर भी लगता रहा
अभी कुछ शेष है
देने को
तुम वही हो
जो ले गये थे
मुझे एक दिव्य-लोक में
जो स्वप्न था मेरे लिए
और मैं उस लोक को
सच समझ बैठी
क्योंकि उसमें
तुम थे
पर आज
तुम वह नहीं हो
जो कल थे
अब तुम
इठलाते हो
अपनी जीत पर
और कृपण-दाता
बन बैठे हो
याचक से
आज तुम्हारी बातों का
खोखलापन
आँखों का
अजनबीपन
डसता है
हर पल।

छूट रही है

तुम जा रहे हो
ब्रीफकेश में
अपने सामान सहेज कर
पर ठहरो
इस घर की दीवारों
अलमारियों
कमरों
और कोनों-अँतरों में
छूट रही है
तुम्हारी याद
इन्हें भी लेते जाओ साथ।

नहीं जानती थी मैं

कभी मैं भावनाओं की डोर पर चलती हुई
तुम्हारी तरफ आ निकली थी
अजीब रहा ये चाहना
मैं गुम ही रही
उपस्थित रहे बस तुम
जीवन में अर्थ की तरह
अर्थ में दीप्ति की तरह
उतर चुके थे तुम मेरी
आत्मा की गहराई में
अपनी भावनाओं में डूबी मैं
तुम्हारे प्रेम से भरी हुई
भला कैसे जान सकती थी
प्रेम भी खरीदा-बेचा जा सकता है
बाजार में
दिल ही नहीं दिमाग से भी
किया जाता है प्रेम
महज एक सौदा है प्रेम
सौदागर हो तुम प्रेम के
कहाँ जानती थी?

भाषा की तलाश में

रिश्तों के जंगल में
अपनी कुदरती भाषा के साथ
अपनी-सी भाषा की तलाश में
भटकती रही मैं
तुम मिले
तुम जो मेरे जैसे न थे
मैं जो तुम्हारे जैसी न थी
कोई समानता नहीं थी
हममें
सिवा भाषा के
जो कुदरत ने बख्शी थी
तुम्हें भी
हमें भी
जीते हुए बस तुममें
महसूस करने लगी अचानक
कि दुनिया के सामने
बदल जाती है तुम्हारी भाषा
तुम खूब जानते हो
बाहरी रिश्तों को निभाना
उस वक्त मैं
बिल्कुल अकेली पड़ जाती थी
तुममें ही
ढूँढ़ते हुए
तुमको।

तुम बिन

घर
बिखरा-बिखरा
मन भी
तिनका-तिनका
तुम बिन...।

एक चेहरा

मैंने कल
चाँद को देखा
और काफी देर
याद करती रही
एक चेहरा।

अतीत

कल पुरानी सन्दूक में
मिल गयी मुझे
एक सफेद पतली शीशी
जो खो गयी थी
बरसों पहले
कहाँ-कहाँ नहीं ढूँढ़ा था उसे
तड़पी-छटपटाई थी
दुनिया के किसी बाजार में
नहीं मिल सकती थी
वैसी शीशी, जिसके अन्दर
पतली सींक
और रूई के बीच एक नायाब
चावल का दाना था
जिस पर लिखा था
'आई लव यू....।'
रात भर मैं सो न सकी
सीने से लगाये उसे
बीती शताब्दी का चक्कर लगा आई
सीने में जम चुके आँसू
पिघल-पिघल बहते रहे
आज सुबह होते ही उस शीशी को
मैं कूड़ेदान में डाल आयी हूँ
हाँ, उसी शीशी को जिसे
कहाँ-कहाँ नहीं ढूँढ़ा था
जिसकी खातिर वर्षों
रोयी छटपटायी थी।

प्रेम

एक ने कहा—एक ही बार होता है प्रेम
कहा दूसरे ने— कई बार हो सकता है
उसी भावना और समर्पण के साथ
जैसे हुआ हो पहली बार
पहला चिल्लाया—लस्ट है ऐसा प्रेम
दूसरे ने मुस्कुराकर इसे ही प्रकृति बताया
सोचने लगी मैं
भिन्नता कहाँ है दोनों में
प्रेम तो होता है एक
पहला ...दूसरा या तीसरा नहीं
अमूर्त प्रेम की चाह में
बढ़ जाये भले ही
मूर्त प्रेमियों की संख्या
चेहरा बदल जाये
बदल जाये देह की
अभिव्यक्ति
प्रेम नहीं बदलता
भाग्यवान होते हैं वे
मिल जाता है जिन्हें
साबुत प्रेम पहली ही बार
टुकड़े-टुकड़े में मिलता है जिसे प्रेम
जोड़कर बनानी होती है उसे
प्रेम की साबुत मूर्ति
प्रेम कभी लस्ट नहीं होता।

प्रेम में पुरुष

उसकी पलकों पर
रहने लगते हैं मेघ
जो छलक आते हैं अक्सर
आँसू बनकर
होंठों में छिपी दामिनी
कौंध-कौंध जाती है
मोहक मुस्कान बनकर
उषा चेहरे पर जमा लेती है कब्जा
कठोरता पर
विजय पा लेती है
कोमलता
अब वह समुद्र नहीं
नदी होता है
सच कहूँ तो पूरी स्त्री होता है
प्रेम करता पुरुष।

नयी उम्र का प्रेमी

प्रेमिका जितना ही बरजती है करीब आने से
उतने ही आवेग से बढ़ता है
नयी उम्र का प्रेमी।
वह बढ़ाता है दाढ़ी, रहने लगता है रफ-टफ
बड़ों की तरह बतियाता है
चेहरे पर लगा लेता है मुखौटा गम्भीरता का
नयी उम्र का प्रेमी।
उसे बुरा लगता है प्रेमिका का दुनियादार होना
प्रेम की बात पर दुनिया
समाज और उम्र का हवाला देना
वह खोल देना चाहता है सारी बन्द खिड़कियाँ
ऐसा तूफान होता है
नयी उम्र का प्रेमी।
वह नाराज रहता है
उन सब पर जिन्हें बेमेल लगता है
उसका सीधा-सच्चा प्रेम
व्यवस्था के मजबूत स्तम्भों को
अपने बाजुओं के जोर से
झकझोर देना चाहता है
नयी उम्र का प्रेम।
वह देश...काल, संस्कृति-समाज
इतिहास-वर्तमान
धर्म-विज्ञान से ढूँढ़ लाता है

ऐसे उदाहरण जिसमें नहीं माना प्रेम ने कोई बन्धन
अपने हाहाकार में अन्ततः तोड़ देता है
सारे तट-बन्धन
ऐसा सैलाब होता है
नयी उम्र का प्रेमी।

खो गया है वह

वही वक्त है
वैसा ही माहौल
वही मंच
जब बोलते रहे थे तुम
और मैं चुनती रही थी
तुम्हारे शब्द
जैसे चुनती है पुजारिन
पूजा के फूल
एकटक तुम्हें निहारती
तुममें जाने किसको पाती
खो बैठी थी मैं खुद को
आज भी वही सब कुछ
बस खो गया है वह
पाया था जिसे तुममें।

शाश्वत होता है प्रेम

प्रेम
खत्म नहीं होता
कभी...
दुःख
उदासी
थकान
अकेलेपन को
थोड़ा और बढ़ाकर
जिन्दा रहता है।

ऐसा भी होता है प्रेम

उदास हो जाता है सागर
क्यों है वह इतना गहरा
उछाले लेकर भी नहीं
छू सकता पहाड़ी को
पहाड़ी उदास—'क्यों है वह
इतनी ऊँची
झुककर छू नहीं सकती
सागर को'
सखी नदी से
जब भी भेजती है प्रेम-सन्देश पहाड़ी
बेचैन सागर बादल बन जाता है
और बरसने लगता है झमाझम
पहाड़ी पर
प्रेम ऐसा भी होता है।

प्रेम-पत्र-1

काँपता मन
कँपकँपाते हाथ
लरजती कलम
सिहरते शब्द
पहला प्रेम-पत्र।

प्रेम-पत्र-2

पीले पड़ गये हैं प्रेम-पत्र
अक्षर उकेरती उँगलियों की
ध्वनियाँ
गुम गयी हैं कहीं स्मृति के
निविड़ में
हथेलियों की ओट में सरसराती उँगलियों
के रास्ते
आँखों के मार्दव का
पन्नों पर
उतरना
चुप-चुप
साँसों की उसाँसों में ...उतरते हुए महसूस करना
शब्दों की गरमाई
अब याद नहीं कुछ याद के सिवा
बस बची रह गयी है कोई खुशबू
कोई महसूस
कोई नामालूम
ऊष्मा
पन्नों पर सरकती उँगलियों की
सांकेतिक ध्वनियाँ
आँखों में
अनभूला छूटा हुआ
रहस्यमय किसी अर्द्धधस्वप्न-सा
क्या है जो फिर भी बचा रह गया है
आज भी!

द्वीप

दो अलग द्वीप से हम
मिल न सकेंगे कभी
कोई पुल नहीं है
हमारे बीच
यह कौन-सी
अन्तर्धारा है फिर
आप्लावित कर रही है जो
हमारे भूखंडों को
नीचे ही नीचे।

आज भी

उन विहसित आँखों से
आज भी छनकर आती हैं
कुछ दिव्य किरणें
और बन्द हृदय के पट बेंध
कर देती हैं विकसित
अनगिनत अलौकिक पुष्प
मेरा पूरा अस्तित्व
भर उठता है सुगन्ध से
मेरे अधर गुनगुनाते हैं
वही आदिम गीत
और मेरा चेहरा
किताबी हो उठता है।

तुम भी

गणित में माहिर तुम
प्रेम भी गणित ही रहा
तुम्हारे लिए
जोड़ते रहे—प्रेम-एक
प्रेम-दो प्रेम-तीन
बढ़ती रही संख्याएँ
भर गयी
तुम्हारी डायरी
प्रेम की अगणित संख्याओं से
गर्वित हुए तुम अपनी उपलब्धि पर
गर्वित हुई मैं भी अपने प्रेम पर
जहाँ दो मिलकर होते हैं एक
संख्याएँ जहाँ घटती जाती हैं
दो से एक में विलीन होते हुए निरन्तर
अन्त में शून्य में विलीन हुई मैं
शून्य जो
प्रेम का उत्कर्ष है ब्रह्मांड
समाया है
जिसमें सबकुछ
प्रेम करती मुझमें
समाये हो
तुम भी।

चला गया है कोई

इच्छाओं के
उड़ गये हैं रंग
नहीं कूकती कोयल
आसमान भी है फीका-फीका
चला गया है कोई।

कोई रास्ता

खो गये हम
भूल-भुलैया में
मैं ढूँढ़ती रही तुम्हें
कि शायद ढूँढ़ रहे होगे तुम भी
कोई रास्ता
मुझ तक पहुँचने का।

तुमने ठीक कहा था माँ

तुमने ठीक कहा था माँ
किसी पर भरोसा ना करना
ना करना प्यार
बहुत दुःख होता है
जब टूटता है भरोसा
छलता है प्यार
टूट जाते हैं सपने
उड़ जाती है आँखों की नींद
खो जाता है चैन
बोझ बन जाती है जिन्दगी
ऊपर से हँसता है संसार
तुमने ठीक कहा था माँ
तुमने ये तो बताया नहीं
कैसे जिया जा सकता है
बिना भरोसा
बिना प्यार के
अकेले।

प्यार

हवा पर सवार
काले भूरे बादल
भागे जा रहे हैं
अपने प्रिय देश
पर हवा कहीं-कहीं
अड़ भी जाती है
विवश भरे बादलों को
बरसना पड़ जाता है वहीं
खाली देख हवा
पटक कर उन्हें निर्ममता से
बढ़ जाती है आगे
बादल बचैनी से भर
भागते हैं धरती की ओर
कि बचा सकें अपना अस्तित्व
समय लगता है बादलों को
फिर से पुराना रूप धरने में
स्नेह-जल से भरने में
किस-किसका नहीं देखना पड़ता मुँह
कहाँ-कहाँ से नहीं भरना पड़ता है पेट
वे सब करते हैं
होती है आँखों में प्रिय देश की
धरती की छवि
जिसे उनका इन्तजार होता है
क्या यही प्यार होता है?

शहतूत

नाजुक इतने
कि छूते ही लरज जायें
मीठे इतने की मिसरी भी लजाये
रस-भरे इतने कि मन तक तर हो जाये
प्रिय के अधरों से
ये लाल-लाल शहतूत
सबके मन भाये
कम दिन ही रहे इन पर मधुमास
फिर भी हैं ये सबसे खास
क्यों न इन्हें
प्यारे नाम दिया जाये।

बावली घास

नख से शिख तक
बादलों के प्रेम में
डूबी है घास
ना तो उतराती है
ना इतराती है
विस्मृत कर बैठी है
अपना अलग 'अस्तित्व'
देखकर उसे
हँस रहे हैं बड़े वृक्ष
—अरी, हमें भी
छूता है प्रेम
ताजा हो लेते हैं
कुछ क्षण
तुम्हारी तरह
भूलते नहीं अपना 'स्व'
पेड़ क्या जाने
प्रेम को जज्ब कर
स्वयं प्रेम बन जाना
यह तो जानती है सिर्फ
बावली घास।

मेरा ग्रह

मैं एक अनोखे ग्रह पर रहती हूँ
जो धरती पर है भी...नहीं भी
हालाँकि यहाँ से भी दीखता है वैसा ही आकाश
वैसे ही पहाड़, जंगल, समुद्र, नदियाँ
पशु-पक्षी, कीड़े-मकोड़े, पेड़-पौधे
और सब-कुछ यहाँ है, जो धरती पर है
पर यह धरती नहीं है
यहाँ रहने वाले मनुष्य
वहाँ रहने वाले लोगों जैसे नहीं हैं
यहाँ आजादी है...प्रेम भी
बच्चों का उछाह...उल्लास
और यौवन की उद्दाम उमंगें-तरंगे भी
बस नहीं है बुढ़ापा...रोग-शोक
और मोह भी
इसके लिए यहाँ अवकाश नहीं
बहुत काम है...व्यस्तता है
फिर भी शान्ति है...सुकून भी
चारों तरफ हरापन तन-मन
और जीवन में भी
सोना-चाँदी, हीरा-मोती यहाँ नहीं है
किताबें हैं बेशुमार
नहीं हैं रिश्ते-नाते यहाँ
पराया नहीं फिर भी कोई
बचपन में इस ग्रह के सपने देखा करती थी
वर्षों लग गये धरती से इस तक पहुँचने में

अब मैं ढल गयी हूँ इसके अनुरूप
कभी-कभी आमंत्रित-अनामंत्रित
धरती के रिश्तों के आकर्षण में बँधी
जा पहुँचती हूँ उनके बीच
जहाँ कृत्रिमता है प्रदर्शन भी
ईर्ष्या-द्वेष और छल-छद्म भी
रिश्ते-नाते हैं, पर प्रेम नहीं
सोना-चाँदी, हीरा-मोती सब हैं यहाँ
जीने के लिए आक्सीजन नहीं
मेरा दम घुटने लगता है
मुझे अहसास दिलाया जाता है
कि अकेली हूँ मैं...निस्सार और बेकार
जीने के लायक ही नहीं
दो कौड़ी की...अनफिट
अपने ग्रह पर जिन गुणों के लिए विशिष्ट हूँ मैं
उनका उपहास है यहाँ
मेरे पास न सोना-चाँदी
ना चातुर्य न दुनियादारी
ना लड़ने-भिड़ने का शऊर
आत्मविश्वास खोने लगती हूँ मैं
घबरा कर भाग आती हूँ अपने ग्रह पर
जहाँ मैं पाती हूँ खुद को
जिसे मेरी जरूरत है
लौटने के बाद भी महीनों
धरती का आतंक घेरे रहता है मुझे
मैं सहज नहीं हो पाती
सोचती हूँ—क्यों धरती के अपने भी
नहीं स्वीकारते मुझे
अजीब क्यों हूँ मैं उनके लिए
जब कि उन्हीं का अंश हूँ'
तभी आती है एक आवाज
'तुमने शायद नहीं देखीं उनकी आँखें
जिनमें तुम्हारे ग्रह के लिए घोर आकर्षण है
पर पैरों में पहुँचने की ताकत नहीं।'

तितलियाँ प्यार की तरह

तितलियाँ
रंग-बिरंगी
सुनहरे परों वाली
दूर देश से आती हैं
प्यार की तरह
तितलियाँ
चूमती हैं पंखुरियाँ
पीती हैं पराग
फूल पूर्णता से खिलखिलाता है जब
छोड़ जाती हैं
बँधती नहीं मोहपाश में
प्यार की तरह
अजीब होती हैं तितलियाँ
जब उदास होता है फूल
पास आ बैठती हैं
बतियाती हैं बहलाती हैं
फिर तड़पता छोड़कर उन्हें
फुर्र हो जाती हैं
प्यार की तरह।

सन्ध्या का सूर्य और समुद्री लहरें

एक

मौन है सन्ध्या का सूर्य पुरुष
उफान में सीमा तोड़ रही हैं लहरें
मिटा रही हैं जल्दी-जल्दी
तट पर बने
कदमों के निशान
प्रेमियों के नाम
फेंक रही हैं निचोड़कर बिखरी चीजें
कुछ भी नहीं चाहिए उनको बीच में
प्रिय सूर्य से
मिलन की इस वेला में।

दो

दिन भर की प्रतीक्षा के बाद
लहरें मिल रही हैं सूर्य से
भावावेग में मूँदे आँख
अचानक गुम हो जाता है सूर्य
समुद्र में कहीं
वे रह जाती हैं ठगी सी
वहीं की वहीं।

तीन

हँस रहे हैं सितारे
चाँद डाल रहा है दबाव
प्रेम की वेदना से

छटपटा रही हैं लहरें
लहरें
जिनकी बूँद-बूँद में सूर्य है
बगावत कर रही हैं
नियति की क्रूरता के खिलाफ।

□□